यात्रा मंगला गौरी घाट से हनुमान गढ़ी घाट तक

(काशी के घाटों का एक झलक)

डॉ. जगदीश पिल्लई

Copyright © Dr. Jagadeesh Pillai
All Rights Reserved.

This book has been published with all efforts taken to make the material error-free after the consent of the author. However, the author and the publisher do not assume and hereby disclaim any liability to any party for any loss, damage, or disruption caused by errors or omissions, whether such errors or omissions result from negligence, accident, or any other cause.

While every effort has been made to avoid any mistake or omission, this publication is being sold on the condition and understanding that neither the author nor the publishers or printers would be liable in any manner to any person by reason of any mistake or omission in this publication or for any action taken or omitted to be taken or advice rendered or accepted on the basis of this work. For any defect in printing or binding the publishers will be liable only to replace the defective copy by another copy of this work then available.

|| श्री काशी विश्वनाथ को समर्पित ||

क्रम-सूची

क्रम-सूची

प्रार्थना - विश्वनाथष्टकम

गङ्गातरङ्ग रमणीय जटाकलापं
गौरीनिरन्तरविभूषितवामभागम् ।
नारायणप्रियमनङ्गमदापहारं
वाराणसीपुरपतिं भज विश्वनाथम् ॥ १ ॥

वाचामगोचरमनेकगुणस्वरूपं
प्वारार्गीथनाशविष्णुसुरसेवितपादपीठम् ।
वामेन विग्रहवरेण कलत्रवन्तं
वाराणसीपुरपतिं भज विश्वनाथम् ॥ २ ॥

भूताधिपं भुजगभूषणभूषिताङ्गं
व्याघ्राजिनाम्बरधरं जटिलं त्रिनेत्रम् ।
पाशाङ्कुशाभयवरप्रदशूलपाणिं
वाराणसीपुरपतिं भज विश्वनाथम् ॥ ३ ॥

शीतांशुशोभितकिरीटविराजमानं
भालेक्षणानलविशोषितपञ्चबाणम् ।
नागाधिपारचितभासुरकर्णपूरं
वाराणसीपुरपतिं भज विश्वनाथम् ॥ ४ ॥

पञ्चाननं दुरितमत्तमतङ्गजानां
नागान्तकं दनुजपुङ्गवपन्नगानाम् ।
दावानलं मरणशोकजराटवीनां
वाराणसीपुरपतिं भज विश्वनाथम् ॥ ५ ॥

तेजोमयं सगुणनिर्गुणमद्विवतीयं
आनन्दकन्दमपराजितमप्रमेयम् ।

नागात्मकं सकलनिष्कलमात्मरूपं
वाराणसीपुरपतिं भज विश्वनाथम् ॥ ६ ॥

आशां विहाय परिहृत्य परस्य निन्दां
पापे रतिं च सुनिवार्य मनः समाधौ ।
आदाय हृत्कमलमध्यगतं परेशं
वाराणसीपुरपतिं भज विश्वनाथम् ॥ ७ ॥

रागादिदोषरहितं स्वजनानुरागं
वैराग्यशान्तिनिलयं गिरिजासहायम् ।
माधुर्यधैर्यसुभगं गरलाभिरामं
वाराणसीपुरपतिं भज विश्वनाथम् ॥ ८ ॥

वाराणसीपुरपतेः स्तवनं शिवस्य
व्याख्यातमष्टकमिदं पठते मनुष्यः ।
विद्यां श्रियं विपुलसौख्यमनन्तकीर्तिं
सम्प्राप्य देहविलये लभते च मोक्षम् ॥ ९ ॥

इति श्रीव्यासकृतम् विश्वनाथाष्टकम पूर्ण ॥

लेखक के बारे में

डॉ. जगदीश पिल्लई एक उत्साही पाठक, लेखक और सच्चे शोध विद्वान है जिनका का जन्म भगवान शिव के नगरी वाराणसी में हुआ था। वह वैदिक विज्ञान में पी.एच.डी. किया हुआ है| वह जन्मजात गुणों, रचनात्मक विचारों और कई उल्लेखनीय उपलब्धियों के साथ एक बहुआयामी पॉलीमैथ है। यद्यपि उनकी जड़ें "गॉड्स ओन कंट्री" (केरल) तक फैली हुई हैं| वाराणसी के निवासी उन पर गर्व महसूस करते हैं और उन्हें वाराणसी के एक बच्चे के रूप में मानते हैं जो बिना किसी अपेक्षा के हर व्यक्ति की जरूरत को पूरा करता है। उनकी प्रोफाइल के गहन अध्ययन से पता चलता है कि उन्होंने कामयाबी के कई सारे पंख जोड़े हैं जो उन्हें काफी अनोखा बनाते हैं। वह निम्नलिखित विषयों में चार बार गिनीज बुक ऑफ वर्ल्ड रिकॉर्ड धारक हैं:

(1) "स्क्रिप्ट टू स्क्रीन" जो उन्होंने कनाडा के लोगों द्वारा पहले के सेट रिकॉर्ड को तोड़कर कम से कम समय के भीतर कला एनीमेशन फिल्म का निर्माण और निर्देशन करके हासिल की। उनके नाम पर कई राष्ट्रीय और अंतर्राष्ट्रीय पुरस्कार और सम्मान भी हैं।

(2) पोस्ट कार्ड की सबसे लंबी लाइन जो उन्होंने 16300 पोस्ट कार्डों द्वारा भारतीय डाक दिवस के 163 साल के अवसर पर की है। यह कार्यक्रम भारतीय ध्वज के बारे में एक प्रश्नावली से भी जुड़ा था।

(3) सबसे बड़ा पोस्टर जागरूकता अभियान - यह "बेटी बचाओ - बेटी पढाओ" विषय पर जागरूकता अभियान तैयार करके प्राप्त किया गया था।

(4) सबसे बड़ा लिफाफा - प्रधानमंत्री की पहल 'मेक इन इंडिया' को श्रद्धांजलि के लिए - उन्होंने रद्दी कागजों का उपयोग करके लगभग

4000 वर्ग मीटर का लिफाफा बनाया है।

(5) भारत के सत्तरवें स्वतंत्रता दिवस को मनाने के लिए 210 किलो के केक पर 70000 मोमबत्तियां जलाकर वर्ल्ड रिकॉर्ड्स इंडिया में दर्ज अपना नाम दर्ज किया|

(6) सारनाथ के धमेक स्तूप पर 17 भाषाओं में डबिंग करके एक वृत चित्र बनाया है जिसका परिणाम गिनीज वर्ल्ड रिकॉर्ड्स से प्रतीक्षारत है|

वे गीता शिक्षण में बहुमुखी प्रतिभा के धनी हैं। युवा पीढ़ी उनके गीता शिक्षण से प्रेरित है और उन्होंने अपने निरंतर प्रेरक, प्रोत्साहन और शिक्षाओं के माध्यम से कई युवाओं के जीवन को बदल दिया है।

उन्होंने गायत्री मंत्र को 1000 अलग-अलग धुनों में गाया है।

उन्होंने 108 अलग-अलग धुनों में हनुमान चालीसा को गाया है।

उन्होंने सैकड़ों संस्कृत भजन, देशभक्ति गीत आदि की रचना और गायन किया है।

उन्होंने कई सरकारी जागरूकता अभियानों के लिए कई लघु फिल्मों और वृत्तचित्रों का लेखन और निर्देशन किया है।

उन्होंने वीडियो और फोटोग्राफी के माध्यम से विभिन्न मुद्दों पर जागरूकता अभियान फैलाने के लिए यूपी पुलिस और केरल पुलिस को स्वैच्छिक सेवाएं दी हैं।

वह भारतीय संस्कृति, भारतीय मंदिरों और असाधारण लोगों के जीवन पर हजारों किताबें लिखने की राह पर हैं।

यह विश्वास करना कठिन है कि उन्होंने एक विशेष शहर (वाराणसी) पर

100 से अधिक वृत्तचित्रों का निर्माण और निर्देशन किया है, जो अकेले एक व्यक्ति द्वारा किया गया है।

उन्होंने 25 से अधिक लड़कों और लड़कियों को विभिन्न रचनात्मक और अभिनव तरीकों के माध्यम से विश्व रिकॉर्ड हासिल करने में मदद और मार्गदर्शन किया है।

एक बहुमुखी व्यक्ति जो ईश्वर प्रदत्त आशीर्वाद का उपयोग करके अपनी बुद्धि का सबसे अच्छा उपयोग करता रहता है| इसलिए वह कई चीजों को सीखने, अनुभव करने और प्रयोग करने और भेदभाव और असमानताओं की इस दुनिया में चमत्कार करने की अपार क्षमता प्रदान करता है। .

वह एक ही समय में एक शिक्षक और एक छात्र है जो हमेशा हर दिन सीखता है और हर दिन किसी न किसी को कुछ न कुछ पढ़ाता है। एक मास्टर के तौर पर उनकी कमजोरी यह थी कि वह कभी किसी खास विषय पर नहीं टिकते। शायद यही कमजोरी उसे किसी भी क्षेत्र में महारत हासिल करने की ताकत देती है।

उनका प्रत्येक दिन एक नया विषय सीखने के साथ शुरू होता है और वह अपना अधिकांश समय प्रयोग और शोध करने में व्यतीत करते हैं।

वह एक निस्वार्थ सामाजिक कार्यकर्ता और एक प्रेरक वक्ता भी हैं।

उनका जीवन भी संघर्ष, उतार-चढ़ाव और असफलताओं से भरा रहा है। लेकिन उन्होंने कभी हार नहीं मानी और आत्मविश्वास से भरे अपने सभी परीक्षणों और क्लेशों का सामना किया। आज वह एक सफल युवक है जिसके पास बहुत जोश और समृद्ध जीवन का अनुभव है।

उन्होंने अपनी ही धुन से पूर्ण रामचरित मानस 51 घंटे का ऑडियो

गाया है। उन्होंने पूरी भगवद-गीता को भी अपनी धुन में एक लयबद्ध पृष्ठभूमि के साथ गाया है।

उन्होंने 50 अलग-अलग भाषाओं में "लोका: समस्ता: सुखिनो भवन्तु" भी गाया है।

वर्तमान में वेद, उपनिषद, पुराण, भगवद गीता आदि पर विस्तृत और वैज्ञानिक अध्ययन पर काम कर रहे हैं।

वर्तमान में, वह 'यूरेशिया डिजिटल यूनिवर्सिटी' के मानद चांसलर हैं।

पुरस्कार

चार बार गिनीज वर्ल्ड रिकॉर्ड्स में नाम दर्ज।

महात्मा गांधी विश्व शांति पुरस्कार के विजेता।

महात्मा गांधी वैश्विक शांति राजदूत।

काशी रत्न पुरस्कार।

डॉ॰ ए॰पी॰जे॰ अब्दुल कलाम मोटिवेशनल पर्सन ऑफ द ईयर 2017।

मदर टेरेसा पुरस्कार।

इंदिरा गांधी प्रियदर्शिनी पुरस्कार।

भारत विकास रत्न पुरस्कार।

उद्योग रत्न पुरस्कार।

विज्ञान प्रसार पुरस्कार।

पूर्वांचल रत्न पुरस्कार।

डॉ. जगदीश पिल्लई वैदिक साइंस, भगवद्गीता आदि के टीचर है। उसके आलावा लेखक, गायक, फिल्म मेकर, जेमोलोजिस्ट, आस्ट्रो-वास्तु कंसलटेंट, वर्ल्ड रिकॉर्ड कंसलटेंट, प्राणिक हीलर, स्पिरिचुअल काउंसलर, टैरो कार्ड रीडर आदि विषयों में भी महारत हासिल है।

आप आल इंडिया मलयाली एसोसिएशन उत्तर प्रदेश के चेयरमैन है एवं भारतीय मानवाधिकार एसोसिएशन के 'संस्कृति एवं संस्कार' का राष्ट्रीय सचिव भी है।

आमुख

कई साल पहले जब जीवन का कुछ मुश्किल समय चल रहा था और उस समय को किसी तरह बिताने के लिए काशी के गंगा किनारे की घाटों में घूमने जाते थे| असी घाट से राज घाट यूं ही पैदल चला करता था| कुछ दिन चलने के बाद एक दिन मन में आया कि सीधे गंगा किनारे से चलने से अच्छा है कि हर घाटों के पीछे जो गलीयां है उस गलियों से भी घूमा जाए| वो मेरा सही निर्णय था क्यों की असली में हर एक घाट के पीछे क्या क्या कहानी है, कौन कौन से मंदिर है और ऐसे कई रहस्य चीज़ों की जानकारी मिलने लगी| फिर मैंने एक दिन एक हैंडीकाम लेकर हर घाट एवं घाट के पीछे के इमारतें मंदिर आदि भी देखने एवं शूट करने लगे| हर घाट के स्थानीय लोगों से उस घाट के बारे में पूछने एवं नोट करने लगे| एक अंकल जी ने मुझे सारे घाटों की इतिहास पर एक बहुत पुरानी किताब भी दिया|

कई महीने बाद मन में आया कि हर एक घाट के ऊपर एक एक वृत्तचित्र बनाते हैं और हम उसकी तैयारी में लगे| शायद एक शहर के किसी एक विषय के ऊपर इतनी वृत्तचित्र दुनिया में पहली बार बनता और गिनीज़ वर्ल्ड रिकॉर्ड में आने की सम्भावना है| उसी के लिए लिखे हुए स्क्रिप्ट को ही दुनिया के लिए और आने वाले सहलानियों के लिए किताब के सीरीज़ रूप में प्रकाशित करने की सोचा जो इस पुस्तक के रूप में आज प्रकाशित हुआ है|

वाराणसी शहर के गंगा किनारे लगभग सौ घाट हैं। इनमें से सबसे प्रसिद्ध और सबसे पुराने घाट दशाश्वमेघ, मणिकर्णिका और हरिश्चंद्र घाट हैं। वहाँ के कुछ घाट हिन्दू शासकों जैसे मालवा क्षेत्र की अहिल्या बाई होल्कर, ग्वालियर के पेशवा, आमेर के मान सिंह, जयपुर के जय सिंह आदि द्वारा बनवाए गए हैं। बनारस की कुछ प्रसिद्ध हस्तियों ने घाटों का नाम अपने नाम पर रखा है। मुंशी घाट का नाम हिंदी कवि मुंशी

प्रेमचंद के नाम से है, तुलसी घाट हिंदू कवि तुलसीदास जी के बाद दिया गया है जिन्होंने रामचरितमानस लिखा है।

अधिकांश घाट मराठा काल में बने थे। मराठा, होल्कर, भोंसले, शिंदे (सिंधिया) और पेशवे (पेशवा) वर्तमान वाराणसी के संरक्षक के रूप में रहे हैं। वाराणसी में सुबह की नाव की सवारी पर्यटकों के आकर्षण के रूप में दुनिया भर में प्रसिद्ध है। यदि आप काशी में एक पर्यटक के रूप में आते हैं तो घाटों के पार गंगा पर नाव में सवार होकर एक छोर से दूसरी छोर तक जाना एक महान स्मृति बनकर जीवन भर मैन में रह सकते हैं|

अधिकांश घाट स्नान एवं पूजा आयोजन के लिए प्रसिद्ध है, जबकि दो घाट विशेष रूप से श्मशान स्थलों के रूप में उपयोग किए जाते हैं जैसे हरिश्चंद्र घाट एवं मणिकर्णिका घाट।

अधिकांश वाराणसी घाटों का पुनर्निर्माण 1700 ईस्वी के बाद किया गया था, जब शहर मराठा साम्राज्य का हिस्सा था। वर्तमान घाटों के संरक्षक मराठा, शिंदे (सिंधिया), होल्कर, भोंसले और पेशवे (पेशवा) हैं। कई घाट पौराणिक कथाओं से जुड़े हैं जबकि कई घाट निजी स्वामित्व में हैं। घाटों के पार गंगा पर सुबह की नाव की सवारी एक लोकप्रिय आगंतुक आकर्षण है।

गंगा हमारे बहुत से पवित्र संस्कारों की साक्षिणीय है| गंगा के तट पर स्नान के अतिरिक्त हमारी संस्कृति से जुडी हुई बहुत से सामाजिक अनुष्टान संपन्न कराये जाते है| सभी अनुष्ठानों के केन्द्र में गंगा की पवित्रता और उनके प्रति लोगों का आस्था झलकती है|

गंगा के अभाव में इस अनुष्ठानों के परिकल्पना ही संभव नहीं है| हमारे अनुष्ठानों का शुभारम्भ बाल्यावस्था में मुंडन संस्कारए युवा अवस्था में विवाह मृत्यु पर दाह संस्कार एवं मृत्योपरांत तर्पण तक चलती है| इन सभी अवस्थावों की साक्षी माँ गंगा है| गंगा के तट पर बच्चों का मुंडन

कराना अत्यंत श्रेयस्कर मानते है| बच्चों के आलावा बड़े भी कभी कभी गंगा तट पर मुंडन करवाते नज़र आते हैं|

विवाह के बाद नव दम्पति सर्वप्रथम माँ गंगा का आशीर्वाद लेने अपने परिजनों के साथ आते हैं और गंगा पूजन कर गाठ खोलने की रस्म निभाते हैं | लगन के दौरान बहुत से नव विवाहित जोड़े इस रस्म की अदायकी के लिए घाटों पर दिखाई पड़ते है| उत्तराँचल का महापर्व शूर्य षष्टि जिसको लोग मानस के भाषा में छट कहा जाता है, यहाँ गंगा के किनारे भी बहुत भव्य एवं विशाल पैमाने पर आयोजित किया जाता है| शाम से ही अस्थालाचलागामी भगवान् भास्कर को अर्ध देने केलिए वृति महिलाओं का जन सैलाब उमड़ पड़ता है|

काशी में तर्पण का मतलब तर जाना होता है यानी मोक्ष प्राप्ति जो की हमारे जीवन का परम उद्देश्य है|

मंगलागौरी घाट

1

मंगलागौरी घाट

ग्वालियर घाट एवं बालाजी घाट के समीप स्थित है| मंगलागौरी घाट जो की इस घाट का प्राचीनतम नाम है| घाट स्थित इस अति प्राचीन मंदिर के नाम से ही इस घाट का नामकरण भी हुआ था| इस घाट को लक्ष्मण बाला घाट के नाम से भी जाना जाता है द्य यह घाट बालाजी पेशवा.एक ने 1735 में बनवाया था|

घाट से लम्बी सीढ़ियों का कतार है| ऊपर मंगला गौरी माता का भव्य मंदिर है| इस मंदिर में हमें मंगला गौरी माता के आलावा मयूखादित्यए शिव, हनुमान, एवं गणेश मूर्तियों के आलावा सौ से भी अधिक लिंगों का दर्शन होते है| मंदिर के बीचों बीच स्थापित लिंग सूर्य देव द्वारा स्थापित किये जाने की मान्यता है जिन्हें गर्भर्तेश्वर के नाम से जाने जाते है|

धार्मिक द्रिष्टि से घाट पहले से ही लोकप्रिय था किन्तु सांस्कृतिक द्रिष्टि से इसका विशेष महत्व 20 वीं सदी में ही हुआ| घाट पर दैनिक स्नानार्थियों के साथ ही पर्व विशेष पर स्नान करने वालों की संख्या अधिक होती है|

कार्तिक माह में स्त्रीयां पंचगंगा घाट पर स्नान करने के पश्चात् इसी मंदिर में भजन कीर्तन व नृत्य संगीत करती है| समय समय पर विवाह,

मुंडन, उपनयन आदि संस्कारों का आयोजन भी होता है| कार्तिक पूर्णिमा को घाट पर सायंकाल सामूहिक दीप प्रज्वल किया जाता है जिसमें घाट की शोभा मनोहारी होती है| घाट के समीपवर्ती क्षेत्र में गुजराती, महाराष्ट्रियन तथा नेपाली समुदाय के लोगों की संख्या अधिक है|

इस घाट के ऊपर बालाजी एवं मंगलागौरी मंदिर के आलावा कई अनेक मंदिरों के होने से घाट को हिन्दू धर्म के विभिन्न सम्प्रदायों के समन्वय के रूप में देखा जा सकता है|

बालाजी घाट

2
बालाजी घाट

मंगला गौरी घाट एवं पंचगंगा घाट के बीच स्थित है बालाजी घाट द्य प्राचीन काल में बालाजी घाट भी मंगलागौरी घाट का ही भाग था| २० वीं सदी में बालाजी मंदिर स्थापित होने के बाद से इस घाट बालाजी घाट के नाम से जानी जाने लगा| मंगला गौरी घाट के हिस्सा होने से इस घाट को लक्ष्मण बालाजी घाट भी कहते है|

घाट एवं घाट स्थित विशाल भवन का निर्माण 18वीं सदी ई. के मध्य पूना के बाजीराव पेशवा ने कराया था। 1864 ई में घाट स्थित विशाल भवन पर अंग्रेजो ने अपना अधिकार कर इसे नीलाम कर दिया। जिसे ग्वालियर के महाराज जियाजी राव शिन्दे ने खरीद लिया और उसमें बालाजी की मूर्ति स्थापित की। वर्तमान में यह भवन बालाजी अथवा लक्ष्मण बालाजी मंदिर नाम से जाना जाता है। घाट स्थित मंदिर में बालाजी के अतिरिक्त राघवेश्वर मंदिर भी है।

मंगला गौरी मंदिर के सामने स्थित बालाजी मंदिर में बालाजी की मूर्ती और उनसे सम्बंदित सामग्रियों को बड़े ही आसान तरीके से सजाया गया है द्य यह मंदिर बहुत ही पुराना है और आज भी इसकी स्थिति किसी पुराने घर की तरह ही है| बालाजी मंदिर शिखर विहीन सपाट छत वाला है| इसके निचले हिस्से में अन्दर पूरा मिट्टी है और ऊपर की सतह पे

भगवान् बालाजी की मूर्ती स्थापित है|

आन्ध्रा प्रदेश के तिरुमला तिरुपति बालाजी के दर्शन अगर कोई न कर पाया होए वो लोग यहाँ के बालाजी दर्शन करके पुण्य पा सकते है| कहते है यहां इस बालाजी के मंदिर में आदिकाल से ही सुर सारिकाएं आती रही है। शरद पूर्णिमा के दिन अपनी स्वरांजलि अश्रित करती रही है। बालाजी मंदिर में आश्विन माह में अनेक धार्मिक सांस्कृतिक क्रिया कलाप होते है जिनमें प्रात काल रामचरित मानस का पाठ तथा सायं संगीत या धार्मिक प्रवचन का आयोजन मुख्य है|

इस मंदिर के नीचे गंगा तट पर एक गुम्बद देखा जा सकता है| लोग यहाँ स्नान करते व खाली समय में यहाँ की पवन बहती गंगा का लुफ्त उठाते दिखे जा सकते है|

पंचगंगा घाट

3

पंचगंगा घाट

बालाजी घाट एवं दुर्गा घाट के बीच स्थित पंचगंगा घाट का निर्माण 18वीं सदी ई. के मध्य पंत प्रतिनन भावन राव, महाराजा औद्य सतारा महाराष्ट्र ने कराया था। 17वीं सदी ई. में औरंगजेब द्वारा घाट का प्रमुख मंदिर (बिन्दु माधव) नष्ट किये जाने और उसे मस्जिद का रूप दिये जाने के पश्चात् घाट का नाम परिवर्तित होकर पंचनद या पंचगंगा हो गया द्य घाट के सामने गंगा में अद्रश्य रूप से चार अन्य नदियाँ - यमुना, सरस्वती, किरणा एवं धूतपापा का संगम स्थल है।

पंचगंगा घाट काशी में विष्णु से सम्बंदित महत्वपूर्ण घाटों में एक है| इसी कारण यहाँ वैष्णव मंदिरों की प्रधानता है| घाट के सभी मंदिर स्थापत्य की द्रिष्टि से सामान्य कोटि के व शिखर विहीन है|

कहते हैं पांच नदियों के इस संगम स्थल पर स्नान करने मात्र से मनुष्य सभी प्रकार के पापो से मुक्त हो जाता है। पंचगंगा घाट पर शिव के प्राचीन मंदिर के अतिरिक्त श्री मठ भी हैए जहां अनेक साधु संत रहते है यहां संस्कृत एंव ज्योतिष की शिक्षा हेतु विद्यार्थी भी मठ में रहते है, जहां सभी बटुकों को निःशुल्क शिक्षा दी जाती है। प्रत्येक वर्ष शरद पूर्णिमा के दिन श्री मठ द्वारा घाट पर एक अद्भुत सांस्कृतिक कार्यक्रम का आयोजन किया जाता है जिसमें देशभर के बड़े-

बड़े सुविख्यात कलाकार गायन वादन एवं नृत्य की प्रस्तुतियां देते है। इस घाट पर स्थित रामानंद मठ के समीप ही अहिल्याबाई होल्कर द्वारा निर्मित दीप हजारा स्तम्भ है जिसमें कार्तिक पूर्णिमा को दीप प्रज्वलित किया जाता है|

काशी का यह एकमात्र घाट है जिसकी ऊपरी सीढ़ियाँ प्रारंभ से अब तक सुरक्षित है| धार्मिक सांस्कृतिक गतिविधियों की द्रिष्टि से यह घाट वैष्णव सम्प्रदायों केलिए विशेष महत्वपूर्ण है|

पंचगंगा घाट की शोभा में चार चांद लगाते हुए यह अद्भुत परम्परा अद्यतन जारी है। पंचगंगा घाट स्वच्छ सुन्दर एवं मनमोहक है जहाँ पहुँच कर व्यक्ति असीम शांति एवं आनन्द का अनुभव करता है।

बिन्धू माधव घाट

4

बिन्धू माधव घाट

पंचगंगा घाट एवं दुर्गा घाट के बीच स्थित यह घाट बिंदु माधव घाट के नाम से प्रसिद्ध है| ऐसी माना जाता है की 17 वीं शदी के प्रारंभ में आमेर राजस्थान के राजा मानसिंह ने कराया था| प्राचीन काल से ही इसकी मान्यता काशी के दूसरे प्रमुख विष्णु क्षेत्र के रूप में रही है द्य इस घाट के बारे में एक प्राचीन कथा प्रसिद्ध है|

माना जाता है की भगवान् विष्णु शिव की आज्ञा से मंदराचल से काशी के लिए किस विशेष आद्यात्मिक मकसद के लिए प्रस्थान कर रहे थे| अपने कार्य को पूर्ण करने के पशचात जब वह लौट रहे थे तब उनकी मुलाक़ात एक ऋषि से हुई जिनका नाम अग्नि बिंदु था| अग्नि बिंदु की तपस्या से प्रसन्न होकर भगवान् विष्णु ने उन्हें वरदान मागने को कहा| जवाब में मुनि ने विष्णुजी से उनकी उपस्थिति इस पवित्र पञ्चनद तीर्थ में मांगी| भगवान् विष्णु ने उनकी इच्छा का मान रखते हुए उन्हें यह वचन दिया की वह हमेशा किसी न किसी रूप में इस पवित्र काशी में उपस्थित रहेंगे|

बिंदु माधव मंदिर काशी का एक प्रमुख मंदिर है जिसकी तुलना उड़ीसा के पूरी के जगन्नाथ मंदिर से की जाती है| दक्षिण भारतीयों में यह मंदिर काशी में दक्षिण भारत के विष्णुकांची का प्रतीक रूप माना जाता है|

यह घाट व मंदिर धार्मिक द्रिष्टि से अत्यंत महत्वपूर्ण है| घाट पर दैनिक स्नानार्थियों के साथ ही पर्व विशेष पर स्नान करने वालों की संख्या अधिक होती है|

दुर्गा घाट

5
दुर्गा घाट

दुर्गा घाट - बिंदुमाधव घाट एवं ब्रह्मा घाट के बीच पंच गंगाघाट के उत्तर में स्थित ब्रह्मचारिणी दुर्गा मंदिर के कारण ही घाट को दुर्गाघाट कहा गया है। ब्रह्मचारिणी दुर्गा को काशी की छोटी दुर्गा भी कहा गया है| इस घाट का पक्का निर्माण पेशवाओं के सहयोग से नारायण दीक्षित ने कराया था। चैत्र एवं आश्विन माह के नवरात्र द्विवतीया को घाट पर स्नान करने के पश्चात ब्रह्मचारिणी दुर्गा का दर्शन करने का विशेष माहत्म्य है।

गंगा तट से नौ नौ सीढ़ियों के बाद चौकी का निर्माण किया गया है| नौ नौ दुर्गाओं की प्रतीकात्मक अभिव्यक्ति मानी जा सकती है| विभिन्न पर्वों पर होने वाले सांस्कृतिक क्रिया कलापों में गंगा दशहरा को संपन्न होने वाली मुक्केबाजी प्रतियोगिता सर्वाधिक उल्लेखनीय है|

घाट के समीपवर्ती क्षेत्र के निवासियों में महाराष्ट्रियन ब्राह्मणों की संख्या सर्वाधिक है जिनमें कुछ उच्चकोटी के वैदिक विद्वान लोग भी है| इन विद्वानों के यहाँ गुरुकुल पद्धति में विद्यार्थियों को वेदों की शिक्षा दी जाती है| वेदों का अध्ययन करने वाले विद्यार्थी भारत के विभिन्न क्षेत्रों के अतिरिक्त विदेशों के भी होते है| इस घाट की विशेषता इसकी पत्थर की ऊंची इमारतें है जो ऊपर के एक ओर से टूटी हुई है| दुर्गा घाट में

बहुत सारी सकरी गलियाँ देखने को मिलते है जिसमें यहाँ का सुप्रसिद्ध दुर्गा मंदिर स्थित है|

ब्रह्माघाट

6

ब्रह्माघाट

असि से आदि केशव तक के अधिकांश घाटों का नाम देवताओं एवं तीर्थों से सम्बन्धित रहा है। इसी क्रम में दुर्गाघाट के बाद ब्रह्माघाट आता है। जिसका सम्बन्ध ब्रह्मा से माना गया है।

इस घाट पर ब्रह्मा जी की मूर्ति तथा ब्रह्मेश्वर शिव मंदिर भी है। घाट के नामकरण के सम्बन्ध में एक कथा प्रचलित है। जिसके अनुसार जब शिव के आदेशानुसार ब्रह्मा काशी आये तो उन्होंने काशी में अपना निवास स्थान इसी घाट पर बनाया था। इसलिए इस घाट को ब्रह्माघाट कहा जाने लगा। श्री नारायण दीक्षित ने ही दुर्गाघाट के साथ ही इस घाट काभी पक्का निर्माण 1740 ई. में कराया था।

दुर्गा घाट के समान ही इस घाट की सीढ़ियां भी शास्त्रीय विधान से निर्मित है। गंगातट से ब्रह्मेश्वर मंदिर तक जाने के लिए पांच पांच सीढ़ियों के बाद चौकी का निर्माण किया गया है जो पंचानन शिव का प्रतीक है। दूसरी ओर गंगातट से ब्रह्मा मंदिर तक चार चार सीढ़ियों के बाद चौकी का निर्माण किया गया है जो चतुरानन या चतुर्मुख ब्रह्मा का सूचक माना जा सकता है।

इस घाट के समीपवर्ती क्षेत्र में भी महाराष्ट्रियन तथा मारवाड़ी समुदाय

के लोगों की प्रधानता हैऑ वर्त्तमान में घाट पक्का, स्वच्छ एवं सुदृढ़ है|

बूँदीपरकोटा घाट

7

बूँदीपरकोटा घाट

ब्रह्मा घाट एवं शीतला घाट-द्वितीय के बीच स्थित इस घाट बूँदीपरकोटा घाट के नाम से जाने जाते है।

16वीं सदी के अन्तिम चरण में काशी के जिन घाटों का पक्का निर्माण कराया गया उसमें बूँदीपरकोटा घाट भी एक है। इस घाट का निर्माण बूँदी, राजस्थान के महाराजा राव सुरजन ने करवाया था। महल के मध्य में विश्वेश्वर मंदिर है, इस मंदिर के वजह से इस घाट का प्राचीन नाम आदिविश्वेश्वर घाट था। घाट के उपरी भाग में आदिविश्वेश्वर मंदिर के अतिरिक्त अन्नपूर्णा, शेष माधव तथा कर्णादित्य के मंदिर है।

आदिविश्वेर मंदिर अत्यन्त प्राचीन है। महाराजा सुरजन का यह महल अत्यन्त कलात्मक एवं सुन्दर है। चुनार से लाए हुए बलुआ पत्थरों से निर्मित इस महल में राजस्थानी स्थापत्य शैली का प्रयोग हुआ है, इनमें परी मंजिल पर बने झरोखे अत्यन्त कलात्मक है। महल में पत्थरों को खूबसूरती से तराश कर लगाया गया है। महल स्थित मंदिर में मण्डप अद्र्धमण्डप व श्रृंगाकार शिखर है।

वर्त्तमान में गंगा तट से प्राचीन महल के पुश्ते तक कुछ सीढ़ियों के बाद पत्थर का चबुतरा बना है द्य घाट स्थित महल खंडित है किन्दु महल

के कलात्मक स्तंभों व पत्थर में काटी गयी जालियों एवं नक्काशियों के अवशेष आज भी देखे जा सकते है|

शीतला घाट (द्वितीय)

8

शीतला घाट
(द्वितीय)

बूंदी परकोटा घाट एवं लाल घाट के बीच स्थित है शीतला घाट द्वितीय| गंगा तट पर बना प्रथम शीतला घाट मंदिर अहिल्याबाई घाट एवं प्रयाग घाट के बीच में स्थित है| इस द्वितीय शीतला घाट के ऊपरी भाग में 18वीं सदी ई. का शीतला मंदिर है जिसके कारण इसे शीतलाघाट कहा जाता है। 18वीं सदी ई. के पूर्व यह प्राचीन आदिविश्वेश्वरघाट का ही भाग था।

19वीं सदी ई. के मध्य तक इस घाट का विस्तार दक्षिण् में वर्तमान बूँदीपरकोटा घाट तक था, 19वीं सदी ई. के उत्तरार्द्ध में बूंदी के राजा प्रीतम सिंह द्वारा घाट का पूननिर्माण होने के बाद शीतलाघाट दो भागों में बंट गया।

गंगातट से शीतला घाट तक पक्की सीढियां है द्य इस घाट पर दैनिक स्नानार्थियों की संख्या अधिक है| किन्तु चैत्र शुक्ल नवमी को यहाँ स्नान का मेला होता है| इस अवसर पर स्नानार्थी स्नान के पशचात शीतला देवी का दर्शन पूजन करते है|

घाट एवं घाट के समीपवर्ती क्षेत्रों में राजस्थानी लोगों की संख्या अधिक है| घाट के ऊपर के मोहल्ले को भी राजमंदिर मोहल्ला के नाम से जाना जाता है| इस घाट पर राजस्थान का प्रसिद्ध मेला गनमौर तथा श्रावणी तीज लोगों द्वारा उत्साह पूर्ण मनाया जाता है|

मंदिर में दैनिक दर्शनार्थियों की संख्या अधिक होती है किन्तु चैत्र एवं आश्विन माह के नवरात्र में दर्शनार्थियों की संख्या सर्वाधिक होती है|

लाल घाट

९

लाल घाट

शीतला घाट द्वितीय एवं हनुमानगढ़ी घाट के बीच स्थित लाल घाट के दक्षिणी भाग का पक्का निर्माण 19वीं सदी ई. के पूर्वाद्ध मे तिजारा के राजा द्वारा कराया गया था। घाट के इसी भाग में उनका एक विशाल भवन भी है। इनके द्वारा घाट पर कई अन्य भवनों का भी निर्माण कराया गया। घाट स्थित मंदिरों में गोपेश्वर शिव मंदिर प्रमुख है| गंगातट पर बिड़ला द्वारा निर्मित एक भवन है। घाट पर एक धर्मशाला भी है जिसमे तीर्थयात्री, साधु सन्यासी निवास करते है।

काशी को कभी न छोड़ने और यहीं रहते हुए शरीर त्यागने की आस लिए असंख्य लोग यहां आते है और आश्रम तलाश कर भगवान शिव का भजन व मां गंगा की सेवा करते हैं। ऐसे ही आने वाले साधुओं संन्यासियों एवं तीर्थ यात्रियों का ध्यान रखते हुए आदि काल से ही राजाओं, धनिकों, व्यापारियों ने साधु संतों एवं तीर्थ यात्रियों की सेवा के निमित अनेक धर्मशालाओं एवं भवनों आदि का निर्माण कराया। लाल घाट भी महज एक घाट न होकर काशी आने वाले साधु संतो सन्यासियों एवं तीर्थ यात्रियों की सेवा का एक केन्द्र भी है।

घाट पक्का स्वच्छ एवं सुंदर है लाल बलुआ पत्थरों से बनी घाट की

सीढ़ियां मनमोहक हैं, जहां पहुंच कर मां गंगा के दिव्य दर्शन एवं शिवार्चन कर प्राणी पुलकित हो उठता है।

माघ महीने में इस घाट पर स्नानार्थियों की संख्या अधिक होती है| यह संख्या माघ महीने की पूर्णिमा को सर्वाधिक होती है| जिसमें गंगा स्नान करने वाले नगर के अधिकान्श व्यक्ति स्नान के बाद घाट पर स्थित गोपेश्वर शिव का दर्शन पूजन करते है|

हनुमानगढ़ी घाट

10

हनुमानगढ़ी घाट

लाल घाट एवं गाय घाट के बीच स्थित हनुमानगढ़ी घाट 1950 ई. के पूर्व तक उत्तर स्थित गायघाट का एक भाग था। घाट पर मूलतः बिहार के निवासी, बाबा, श्यामल दास का निवास स्थान था। 1950 ई. में बाबा ने घाट पर हनुमान मंदिर की स्थापना की। कालान्तर में इसे हनुमानगढ़ी घाट कहा जाने लगा। इस घाट का पक्का निर्माण श्यामलदास के शिष्य टेकचन्द साहू ने 1972 ई. में कराया था।

घाट पर श्यामलदास महात्यागी के शिष्य रमण महात्यागी द्वारा स्थापित "महात्यागी आश्रम" है। इस आश्रम में विद्यार्थियों को निःशुल्क संस्कृत की शिक्षा के अतिरिक्त योग तंत्र तथा ज्योतिषी की भी शिक्षा दी जाती है।

यहां से निकले हुए विद्यार्थी देश विदेश में संस्कृत और संस्कृति का प्रसार कर रहे हैं। महात्यागी आश्रम प्राचीन भारतीय शास्त्र एवं शिक्षा पद्धति को आज भी उसी रूप में प्रसारित कर काशी में गंगा के समानान्तर बहने वाली संस्कृत एवं संस्कृति की ज्ञान गंगा को भी सहेजे हुए है। हनुमान गढ़ी घाट पर निरन्तर अनुयायियों एवं सैलानियों के बने रहने से घाट का अपना अलग ही महत्व है। घाट स्वच्छ एवं पक्का है, अतः स्थानीय स्नानार्थियों की भी संख्या यहां सुबह के समय पर्याप्त

होती है।

घाट के ऊपरी भाग में एक व्यायाम शाला भी है जहाँ जोड़ी-गदा एवं कुस्ती की प्रतियोगितायें आयोजित होती रहती है|

काशी के अविरल घाटों की श्रृंखला में हनुमान गढ़ी घाट भी एक महत्वपूर्ण स्तम्भ की भांति खड़ा काशी के समृद्ध प्राचीन विरासत का एक बेजोड़ हिस्सा है।

|| इस पुस्तक को तैयार करने में सहयोग देने वाले हर एक व्यक्ति को दिल से मेरा प्रणाम ||

विशेष धन्यवाद

डॉ. हरी शंकर जी
लेखक
(काशी के घाट - कलात्मक एवं सांस्कृतिक अध्ययन)

वाराणसी प्रशासन

स्थानीय लोग

संपर्क सूत्र

9839093003

myrichindia@gmail.com

facebook.com/drjagadeeshpillaiofficial

youtube.com/drjagadeeshpillai

|| लोकाः समस्ताः सुखिनो भवन्तु ||

9 798888 495964